Vivir sin nada

ÆREA | *carménère*

Pablo Fidalgo Lareo

Vivir sin nada

861   Fidalgo Lareo, Pablo
F   Vivir sin nada / Pablo Fidalgo Lareo --
      Santiago-Barcelona : RIL editores-Ærea |
      Carménère, 2023.

      112 pág. ; 23 cm.

      ISBN: 978-84-19372-95-6

      1 POESÍA ESPAÑOLA. 2 LITERATURA ESPAÑOLA.

ÆREA | *carménère*

Serie dirigida por
Eleonora Finkelstein y Daniel Calabrese

VIVIR SIN NADA
Primera edición: noviembre de 2023

© Pablo Fidalgo Lareo, 2023

© Ærea, 2023
  www.aepoesia.com

Un sello de RIL® editores
SEDE SANTIAGO DE CHILE: Los Leones 2258 • CP 7511055 Providencia
☎ (56) 22 22 38 100 • ril@rileditores.com • www.rileditores.com

SEDE VALPARAÍSO: Cochrane 639, of. 92 • CP 2361801 Valparaíso
☎ (56) 32 274 6203 • valparaiso@rileditores.com

SEDE ESPAÑA: europa@rileditores.com

Composición e impresión: RIL® editores
Diseño de colección: Marcelo Uribe Lamour
Imagen de portada: Sergey Vinogradov

Impreso en España • *Printed in Spain*

ISBN: 978-84-19372-95-6
Depósito Legal: B 19883-2023

Pablo Fidalgo o la verdad sobre todos nosotros

De entre todos los poetas españoles nacidos en los años 80 del pasado siglo, Pablo Fidalgo (Vigo, 1984) es no ya uno de los más destacados, sino uno del que podemos decir sin ninguna duda que quedará.

La primera razón para que estemos tan seguros de ello tiene que ver con la necesidad. Normalmente, los poetas que uno considera necesarios lo han sido antes para sí mismos que para los lectores. Es decir: cada poema suyo responde a la necesidad de contestar a una pregunta planteada por la vida, de subir un escalón vital. Esto es mucho más raro de lo que debería: abundan los poetas que parecen escribir por diversión, por competición, por muchas cosas que no tienen que ver con la necesidad. Y, sinceramente: si el poeta no ha necesitado escribir su poema, por qué voy a necesitar yo leerlo. Cada poema de Pablo Fidalgo respira animado por esa necesidad: uno lo nota, cada poema de Fidalgo no tiene nada de partido de exhibición. De hecho, si un poema suyo fuera un equipo de fútbol, Pablo saldría a jugar cada partido con once delanteros. A por todas. Dice en su poema "Los primeros perros", del libro *El perro en la puerta de la casa* (Liliputienses, 2021).

> Isla, no me iré de aquí
> hasta que vea un cambio en el cuerpo de los otros.
> Es decir, en mi propio cuerpo.
> No me iré de aquí hasta ajustar todas las islas,
> todas las formas de vivir rodeado.

Esa es la segunda razón por la que me parece un poeta imprescindible: es un poeta que valora por encima de todas las cosas la intensidad. Un poeta ajeno a los efectos secundarios de la ironía y, por encima de todos ellos, al cinismo. Pablo Fidalgo es lo contrario a un posmoderno, o mejor dicho, ojalá que sea lo que viene después de lo posmoderno. Él tiene fe en la vida, en medio de todas las dudas imaginables; quiere vivirlo todo de todas las maneras, como Fernando Pessoa, aunque eso implique multiplicar las muertes. Es así desde su primer libro, *La educación física*, de 2010, en Pre-Textos:

Nadie se tomó la juventud
tan en serio como nosotros.
Nos amamos sólo al recordar
que la vida se acabará mañana.

Hacemos del cuerpo una historia
para poder morir en la escena.
Te voy a contar cómo empezó todo esto,
por qué te puse en ese lugar del escenario,
por qué tomé cada decisión,
por qué puse al público ahí, por qué quise
que estuviera incómodo viéndote.

Así pasamos el tiempo hablando de la muerte
bajo las sábanas de la juventud
que se va escapando, y te duermes,
y tiras de la sábana,
y me dejas desnudo hablando solo,
y yo no tengo fuerzas para tirar,
para seguir cubriéndome,
y mi juventud se enfría cada noche un poco más.

Dice la cita de Bataille que abre su ya penúltimo libro, *La dejadez* (Letraversal, 2022): "A qué hemos venido, ¿a jugar o a ser serios?" Pues bien: para Pablo Fidalgo, que no cree en falsas dualidades, no hay nada más serio que el juego. Hemos venido a jugar, a jugarnos la vida, sin contemplaciones. No puede haber nada más serio que eso.

La tercera razón por la que hay que leer a Pablo Fidalgo es porque es un poeta en su tiempo, pero no un poeta de su tiempo. Comparte preocupaciones con sus contemporáneos, y lo hace muy actual el hecho de ser él mismo el objeto de su, digamos, investigación poética. Como escribió Georges Santayana, el poeta verdadero no tiene más que observarse a sí mismo. Eso lo vemos en muchos poetas de hoy, en la mayoría. Pero la profundidad de Fidalgo radica, entre muchas otras cosas, en que no cae en los tics de sus contemporáneos: no necesita ser fingidamente irónico ni presuntuosamente metalingüístico. Sabe que el lenguaje es su instrumento y hasta qué punto somos lenguaje y dónde comenzamos a ser otra cosa. Y sobre todo va en busca de una verdad profunda: siempre trasciende la anécdota. Ha aprendido de los clásicos, también de los del siglo XX, y su voz jamás renuncia a la imaginación verbal. Su poesía es una poesía contaminada por otros géneros, sí, pero nunca se vuelve paráfrasis de un ensayo, resumen de un relato ni mero recuento vital. Su verbo imagina, buscando así lo que se oculta a quien mira sin más. La imaginación ilumina en la oscuridad en la que Pablo Fidalgo sabe que siempre nos buscamos.

Hay una forma de pensar que es única de la poesía. La poesía no es contraria a la lógica (aunque haya muchos supuestos poetas empeñados en demostrarlo), pero sí que añade algo más a la lógica, y además sabe engatusarnos con su arma secreta: la imagen. Los mejores poemas sobre la muerte no incluyen la palabra muerte ni nos amenazan de muerte. Los mejores poemas de amor raramente son solo poemas de amor. Un buen poema es como un *big bang* al revés: concentra en sus pocos versos todo el tiempo de un universo. Así son los poemas de Pablo Fidalgo.

Sobre *La dejadez*, él mismo nos da algunas claves en un breve prólogo. El 31 de mayo de 2021 estaba leyendo el periódico y se encontró con una foto de su colegio en la portada del diario El País. Cinco antiguos alumnos denunciaban haber sido abusados en él en los 60 y 70, cuando él no había nacido aún. Después de eso, un ingreso hospitalario. Poco antes, se había vendido su casa familiar. Tres elementos aparentemente inconexos que dan forma a una inquietud, esqueleto a un temblor: así trabaja el poeta. Él mismo relaciona este libro suyo con otro anterior, *Mis padres: Romeo y Julieta*, publicado por Pre-Textos en 2013, y nos dice que forma parte de un proyecto conjunto con la pieza escénica *La enciclopedia del dolor. Tomo I: Esto que no salga de aquí*. Escribe en un poema de *Mis padres*:

Sentía vergüenza de mis padres
por tener que explicar su separación
sin poder explicar antes su amor.
Mis padres viven juntos sus primeros años
sin que sus familias lleguen a enterarse.
Todos sus amigos guardan el secreto.
Yo transformo su necesidad de silencio
en un primer amor por las mentiras.

Mis padres buscaron un lugar en la playa
donde protegerme de la historia.
Muchos años después volví a esa playa,
cada día una mujer distinta me preguntaba,
¿e ti, de quen es fillo?

Mis padres: Romeo y Julieta.
¿Después de todo quién recuerda
un conflicto entre dos familias
en esta absurda tierra
en esa absurda época?

Madre, creíamos que todos estos años sin él
eran tiempo perdido
y cuando finalmente fui a conocerlo
supe que era tiempo ganado al dolor.

Yo soy hijo de los que se bañaban desnudos
pero nunca perdieron la vergüenza.
Mi declaración de amor fue desnudarme en la calle
y volver a vestirme sin explicar nada más.

En realidad, todos sus libros están conectados de alguna manera; son un ensayo de autobiografía espiritual, en la que abundan los detalles concretos, pero que buscan siempre trascender la anécdota, responder a dos preguntas: *¿Quién soy yo?* y *¿Por qué?* Y la forma de preguntárselo es revisando su propia biografía. En el poema que abría su libro *Crónica de las aves de paso*, de 2018, "Nostalghia", por ejemplo, se preguntaba:

Esos pájaros, ¿me conocen?
Su vuelo, ¿sobre qué escribe?
¿Cómo pueden ocurrir en un mismo día
tantas cosas diferentes?
¿Cómo llega esa ansia de registrar cada una
incluso antes de que sucedan?
Escribimos sobre las nubes
como una excepción en nuestra vida solar.
Todos tratamos de sobrevivir en el único paisaje
que consideramos nuestra historia.

Esa historia nunca es individual, y cada libro de Pablo Fidalgo indaga en una zona con figuras distinta de su biografía. *Anarquismos*, por ejemplo, publicado en 2019 junto a otra pieza titulada *Daniel Faria* (una conversación con el poeta portugués) por Papeles Mínimos, es un retrato de la amistad como construcción ilusoria, como una obra de arte inserta en la vida. Comienza: "Es difícil recordaros bien. / Todo gran amor se resiste a ser un recuerdo claro, / porque todo recuerdo es un juicio disfrazado". Reconoce: "cuando teníamos la alegría, no teníamos / la inteligencia suficiente / y, ahora que somos más sabios, estamos agotados". Resume: "El paraíso duró pocos días. / El hombre no pudo estar mucho en la tierra / sin cometer errores". Concluye, en la capilla Brancacci de Florencia, ante los frescos de Masaccio y Masolino: "Miro por última vez este cuadro que nos condena. / Hay una promesa de un dolor lúcido. / Hay una grieta que se abre. / Hay una relativa calma en esta habitación".

Conocerse a fondo implica también la construcción del otro. Se lo pregunta en "Febre ou escándalo", el poema que abre su libro en gallego, *Parangolé*, de 2019:

Dime, permitíronche ser outro?
cantos días? Na infancia?
E ata que punto?
Cantos días che deixarán manter as túas ficcións?

Para min ser outro é demasiado serio
como para fazer probas.

Pablo Fidalgo nos entrega ahora *Vivir sin nada*. Recono-
cemos enseguida su voz, llena de preguntas; esa especie
de monólogo infinito sobre la existencia y sus inconsis-
tencias, sobre el apetito de vida nunca saciado, sobre la
necesidad de entender, sobre todo, el sinsentido. "Nuestra
historia de amor fue no decidir nada / allí donde los otros
deciden todo a cada instante", arranca "Agrigento Cen-
trale", primer poema del libro, casi con una poética vital,
una necesidad de escuchar lo que la vida tenga que decir
antes de dictar sentencia. "Nuestro vocabulario está he-
cho de limpiar", dirá más adelante, en otro poema. Fidal-
go sabe que antes de aprender es necesario desaprender,
que antes de dar por buena una certeza hay que ponerlas
todas a prueba. Al poeta Pablo Fidalgo se le transparen-
ta su filiación teatral, por eso nos resulta tan fácil creer
en la verdad de sus poemas: su personaje está construido
con tanta eficacia como verosimilitud, con tanta inten-
sidad como aristas. En este libro además nos encontra-
mos con una gran novedad: su parte final está compuesta
por poemas mínimos, a modo de ráfagas, que no solo nos
plantean una forma de leer nueva, sino que nos obligan a
replantearnos el modo en que hemos leído todo lo demás.
De Pablo Fidalgo hay que tenerlo todo y leerlo todo por-
que aunque se ande buscando a sí mismo, por el camino
nos encuentra a nosotros; a todos nosotros y a todos los
que somos cada uno de nosotros. Consigue esa rara al-
quimia que le hace plantearse las preguntas que cualquier
persona en su tiempo y en su lugar se plantearía, a la vez
que las que solo puede plantear cada biografía particular.
Y lo hace de la manera precisa: cada una de esas preguntas
es un bisturí que saja la piel de la existencia, hiriendo en
busca de una curación que solo se da en la intensidad de la
vida vivida a sabiendas de que tras cada pregunta solo se
oculta una nueva pregunta, más afinada, eso sí, más cerca-
na a una respuesta que solo se da en la verdad del poema.

Una ausencia te funda
Una ausencia te recoge

BLAISE CENDRARS

Agrigento Centrale

Nuestra historia de amor fue no decidir nada
allí donde los otros deciden todo a cada instante.
Es así como yo empezaría.
Es una idea fiel a lo que fuimos,
suficientemente consciente,
suficientemente abierta.

Llegamos a la ciudad de cualquier manera
exactamente igual que llego hoy.
Salgo de la estación
y miro la plaza y recuerdo
cómo jugamos al fútbol dos contra dos.

Nuestra vida fue un gesto de ruptura
y ahora mi deber es dejarnos caer tan bajo
como lo necesite nuestra historia.
Se puede perder una guerra
y seguir construyéndote
como si la hubieras ganado.
Todo era jugar y limpiarnos.
Limpiar la ropa de tierra y agua.
Limpiar la ropa de otras islas
que no sirven para nada.

Ya no es posible escucharos de nuevo
porque se me duermen algunas partes del cuerpo
en cuanto empezáis a explicarme lo que somos.
Erais solo unos niños, y yo también lo era,
y empezamos a movernos
como cualquier niño educado en la lluvia

la primera vez que sale el sol,
la primera vez que ve a sus amigos
y les toca la cara.

Me acuerdo de ese cuarto y de otros no
porque estábamos en plena forma
por dentro y por fuera.
Éramos todavía posibles,
previsibles e imprevisibles,
no acusados, no revisados, no narrados,
inalcanzables.
En otros lugares hubo llegadas y despedidas,
celebraciones y poemas,
pero ahora solo recuerdo esta habitación
donde entra el siroco,
donde decidimos dormir con todo abierto
a pesar del frío.

Pedimos esta habitación inmensa
como si fuésemos una familia.
¿Éramos una familia?
Si no nos unía la sangre, ¿qué nos unía?
¿El gesto de entrar con la cabeza alta
en aquellos cuartos de juventud?

Si fuisteis la mejor parte de mi vida,
¿por qué vuestras caras eran tan oscuras?
¿Por qué tenía que encender tantas luces
solo para intuiros?
Esperábamos que la tarde se enfriase por un lado
y que al mismo tiempo el sol saliese.
Pensábamos: si tienen que vigilarnos
que nos vigilen aquí en el sur
donde habitan los seres más bellos
y peligrosos que hemos visto.

Dividíamos y separábamos los deseos
para que unos se encendiesen y otros se enfriasen
como si fuese nuestra la decisión.
¿Y si lo único que necesitamos es
sentarnos frente al mar sin hacer nada?

Ahora que vuestro recuerdo viene hacia mí,
¿con qué mano me cubriré la cara?
¿O lo dejaré avanzar?
¿Qué es lo que deseo:
poner mi vida en manos de la persona adecuada,
o de la persona equivocada?
¿Cuánto estamos preparados
para que en la oscuridad nos susurren contradicciones
y no certezas como siempre?

Me quedé dormido y soñé algo así:
yo había vuelto a casa
y sin embargo os decía
quiero volver a casa,
más adentro en la casa.
Nos dormíamos
y en mitad de la noche
quiero volver a casa
y con la primera luz
quiero volver a casa.
Quiero estar más adentro.
Quiero que alguien me proteja.

El segundo día empezamos la bajada a los templos.
Y bajamos riéndonos
porque no sabíamos lo suficiente sobre su historia.
En un lugar así seres como nosotros
fueron los primeros en imaginar el rezo,
en juntar unas palabras a otras,

en juntar las manos,
en sentir la necesidad de agradecer.
Vemos una fe que se toca con la nuestra
sin ídolos ni recuerdos, sin suposiciones.

Me pregunto si aquella risa no solo nerviosa
fue el final de nuestra juventud,
o si fueron las canciones que cantamos
cuatro años después al despedirnos.
Es posible que, como tú dijiste un día,
sea un milagro que no esté loco.
Pero si aprendemos a abrigar a los perros
como aprendimos antes con los pájaros
no estaremos solos.

Temo que algo te parezca extraño,
repentinamente extraño o nuevo.
Es como si hubiera intentado esconder
de mi lenguaje a mi destrucción
y a mi destrucción de mi lenguaje.
Pero si no invitamos a nadie a este cuarto
tendré que construir altares
y empezar a rezar.

Entonces empieza una guerra
porque no hemos invitado a nadie.
Empieza una guerra
por los dibujos de los dioses.
Empieza una guerra
por un tiempo mal calculado.
Y por más que lo intento
no sé a qué distancia debo situar
a los posibles invitados.
Por más que lo intento
no recuerdo haber compartido casa con vosotros

ni con nadie.
He perdido mi hora de dormir,
¿vosotros recordáis cuál era?

He vuelto a esta habitación para cuatro
donde tres camas están vacías.
No pueden explicárselo
pero yo duermo con mis ausencias
y perdono nuestros pecados.
He estado toda la noche despierto
pensando que esta ciudad no os hizo nada,
no pudo con vosotros.
¿Es este pequeño cuarto
un lugar donde poder quedarse?
He vuelto y pienso que mientras viajábamos juntos
la isla me habló de un modo diferente
y los dioses esperaron su turno.

Este cuarto no es el del siroco.
Es un cuarto nuevo, frente a la estación,
que pagamos entre todos y que ahora pago yo solo.
Habitando esta luz quizá llegue un día
en que ocupéis el lugar que nos dimos.
Este cuarto no protege de un viento de leyenda,
no permite estar a salvo del desierto,
no permite lo más fácil.
Pero si abrí el balcón aquella noche
fue para entender la temperatura
a la que queríais vivir,
y cómo el viento podía desplazaros por el desierto
y enloqueceros.

¿Cuántas deudas acumulamos en nuestra juventud
que no nos dejan salir de ella?
Trato de dejar el deseo en lo más alto,

en los extremos de la habitación,
allí donde solo a nosotros se nos perdió algo.
Solo quiero encontrar un lugar aceptable
en nuestra inaceptable juventud.

Salgo a primera hora, camino.
Salen a mi paso los perros
e intento pensar que son dioses.
¿Cómo les explicaré que viví
una y otra vez la misma historia?
¿Por qué no estoy más sano?

Nos quedábamos solos
y yo pregunté si era más sagrado
alguien que conversa sobre su herida incurable
o alguien que decide callarla.
Eso fue el amor:
la extrañeza de encontrar a alguien
que puede aislar tus palabras
de todas las demás.
¿Cuánto se podía alargar una habitación?
¿Cuánto se podía alargar la ausencia de quien,
según vosotros,
nunca lo ha dado todo,
nunca ha estado aquí?

Os creísteis lo que dije
por la forma en que me sentaba junto a vuestros cuerpos,
y por la forma en que esperaba a que os durmieseis.
Estábamos aquí y sería extraño
desear estar en otra parte,
pero cuando os describía
no teníais forma de amigos ni de amor.
Teníais forma de ídolos
que un día saldrían corriendo y se romperían.

Tratábamos de poner nuestro error interior
en hora con nuestro error exterior.
Había dado mi palabra de dedicaros la vida
pero si alguien se sentaba a mi lado
y prometía dedicarme su vida
qué podía hacer yo.
En todos mis sueños alguien decía:
enséñanos lo que sabes, lo que has visto,
lo que te ha dejado tan pensativo
¿por qué no vamos a poder entenderlo?

Dentro de unas horas bajaré a los templos
y reiré recordando la primera vez.
Quizá no volvimos nunca de aquella tarde
o quizá yo no vuelva a encontrarme
con una generación que no me saluda,
que no me reconoce.

Aquella última noche alguien dijo:
no tenemos por qué estar todos de acuerdo en todo
y así acabó nuestra idea de vida en común,
con una frase que no está a la altura,
que no sabe lo que nos hemos jugado
en un viaje como este.
No estáis entendiendo los cuerpos.
No estáis viendo cómo han cambiado las caras.
No habéis visto cómo llega la excitación para quedarse.
No entendéis hasta qué punto
se nos ha olvidado lo que éramos antes.

¿Es por una palabra que lo decido todo
o es por un gesto violento demasiado claro?
Entramos juntos en el cuarto
y salimos separados.

Entramos hablando a unas presencias
y salimos dándonos por perdidos.
Aun así ruego para que sintáis
en cada uno de vuestros gestos una luz,
como si en cada cosa que hicierais
pudierais dar forma a los que no están.

¿Es posible vivir una vida plena
sin un vocabulario real?
¿Es posible vivir una vida sagrada
sin sentir dolor?
Yo os dije, aquí, donde se adoraron tanto los dioses:
vamos a preguntarnos por nuestros dioses
y por lo que hicimos con ellos
cuando vinieron a susurrarnos.
¿Podemos pasar por aquí sin detenernos,
sin pensar lo que otros sacrificaron,
lo que otros se dejaron para que estos templos
se elevasen más allá del mar?

He venido otra vez de la calle o de los templos.
He venido de la primera misa
pero aún no habéis despertado.
Los perros me han seguido hasta aquí ladrando
y vosotros estáis abriendo los ojos
pasado el mediodía.

¿Queréis que nos elijamos
y que vivamos juntos
en habitaciones en las que perdemos la intimidad
pero ganamos lo innombrable?
Ahora vengo de los templos.
De ver un entierro atravesando
la mañana en la que dormís.
De ver cómo algunos

se ponen en pie en las puertas.
Un entierro con perros que ladran
lo que los otros callan.
Un entierro por un naufragio que sucedió
muy lejos de aquí.
Una muerte que puede hablar al mismo tiempo
con el sol, con la tierra,
y con los reflejos de la luz en el mar.

Cuando dejaba la habitación alguien me detuvo:
no has sido exacto en tus movimientos.
No has sido exacto en tus explicaciones
ni en tu despedida.
Debes volver ahí dentro
y demostrar lo que sabes hacer.
Es posible que nuestros únicos momentos verdaderos
fueran esos en que entregamos a los amigos
un poder inesperado para consagrar o agredir.

Pude situar a quienes me deseaban
en el lugar del deseo
pero nadie en la juventud quiere ser una sola cosa,
nadie acepta el reparto.
Habéis dormido mucho
y yo he dormido demasiado poco
creyendo que era el vigilante.
Tú me preguntarás otra vez
hasta dónde me ha dado tiempo de llegar hoy
como si en ese tiempo ahí afuera
me hubiese perdido algo crucial aquí dentro.
Nos asentamos en este lugar
que ha disuelto la tarde en la noche.
La edad se ha vuelto incontrolable
y el tiempo y las noches nos subieron por el cuerpo
sin necesidad de entender nada.

Aquí no hay absoluto,
no hay una risa o un llanto completo.
Es algo que cambia con el tiempo
según enciendas o apagues la lámpara.
No nos gustan las luces altas
y tampoco demasiado bajas.
No hemos comparado nuestra fe ni nuestros templos
ni nos hemos lamentado por algo
que no estuviera en nuestras manos.
¿En nombre de quién hablo
y quién habla en mi nombre?
¿Cuántas noches más necesitas para conocerme?
¿Cuántas habitaciones de hotel,
cuántos poemas?

A veces me acuerdo de aquellos templos
y cómo en vuestra ausencia aprendí a creer
en algo que no tenía por qué pasar al cuerpo.
En vuestra ausencia escuché
lo que une la fe, los duelos y los perros.
Y comprendí que solo erais jóvenes durmiendo
de un modo más bello que los otros.
Jóvenes durmiendo conscientes
de que alguien tenía tiempo para miraros.
Todo lo que vi mientras dormíais
no tiene explicación,
no tiene inicio ni fin.
Lo que salvé del fuego
ahora desea probar el agua.
Lo que salvé del fuego
era cumplir una promesa.
Y en este momento puedo enseñaros a rezar
y puedo inventarme algo
que no habéis visto antes.

Tú no esperabas que tuviera tanta paciencia
para analizar vuestros cuerpos frase por frase.
He tenido paciencia para explicar aquel día
y los días que siguieron,
y para actuar en cada uno de los momentos
en que vosotros preferisteis sobrevivir.

He profanado lo único
que era sagrado para vosotros.
Aún crees que el pájaro es delicado haciendo el nido
porque no lo has visto de cerca.
Su cuerpo está desbocado
y en un momento entiende
que sus dioses son solo suyos:
inexplicables,
fracasados,
e imposibles de compartir.

Tendría que haber grabado vuestras horas de sueño
y ahora volver a verlas.
Estudiar cada gesto
hacia delante y hacia atrás
como una coreografía.
En todas esas horas habría algo que observar,
una prueba definitiva de que todo fue así:
violento,
desvergonzado,
deslavazado.

Somos los dioses que hemos intuido
y que nos llevan a otros nuevos dioses.
Los cuerpos se separan, se desprenden, se dispersan.
Somos una boda con testigos
que acaban formando parte del matrimonio.

Y esos mismos dioses que nos unieron
nos apartan la mirada porque saben
que no podemos llegar hasta el final.
Dejamos que los templos se movieran
y nos pasaran por encima.
Los templos eran la única habitación interior
plenamente consciente de lo que hay ahí fuera,
de lo que sucede en ese mar roto
que ya no puede mirarnos a la cara.

Después de todo,
¿qué fue lo que nos hizo tanta gracia?
¿alguien lo recuerda?

Ahora es cuando dejáis atrás esos momentos,
cuando dejáis de nombrarme,
cuando me borráis de las fotografías,
cuando llegáis a un acuerdo.

¿Habrá alguien que haga este viaje,
que duerma en este cuarto
para ver lo que queda de mí
cuando ya no quede nada de vosotros?

Salgo del hotel con las manos en alto
y paseo entre los ladridos,
y así atravieso la plaza
por última vez.

Es verdad, no me arrojaron a los perros.
Los perros simplemente estaban ahí,
como tantas otras cosas,
como tantas otras vidas.

Dime,
¿se acabará esta historia
cuando creas que me conoces,
cuando creas que te conozco?

¿He llegado al trance
demasiado pronto
o demasiado solo?

MEMORIA DE OTRA CASA

Si la casa que invento para ti
no resiste la noche,
¿lo entenderás?

Yo no sé si soy la persona adecuada
para cargar lo que quieres cargarme
pero aun así puedes empezar a poner
todo sobre mi cuerpo
como ya has estado haciendo desde siempre
y rezar como yo lo hago.

¿Por qué alquilo
una habitación para nosotros en el pueblo
si sería mejor estar fuera
y dormir en la playa?
¿Por qué protegernos
si el tiempo ya no nos toca?

Si la casa que invento para ti
no resiste la noche,
¿seré yo el único culpable
o podremos pensar juntos por qué?
¿Comenzarás a hablar?

Puedes identificar el momento
en que dejaste de ser un cuerpo o un lugar
para ser un adicto.
Puedes identificar entre ellos
a quien se acerca a ti una noche
y te dice:
yo te levantaría el castigo.
Yo no creo en el ojo por ojo
pero no puedo hacer nada.

Solo te queda un poco de furia
¿cómo reconocer si es también mía?
¿Cómo abrir la ventana
y dejarla ir con el hijo
que no podré tener?

Cuando nos conocimos ya eras un adicto
pero conseguiste esconderlo.
Cuando nos conocimos ya eras un hombre sin ley
y no aceptabas un no por respuesta.

Aprendamos a vivir sin nada como los parias.
Recojamos cosas de la calle.
Estudiemos dónde están las fuentes,
dónde corre el agua,
dónde la ropa se seca antes.
No nos obliguemos a encajar ni a no encajar.
No nos obliguemos a tirarlo todo ni a guardarlo
y no aceptemos otro no por respuesta.

Tu madre te sentenció pronto.
Te pidió que sentenciases a tu padre y tú lo hiciste.
Tu padre te sentenció.
Tu familia te sentenció después.
Entre unas cosas y otras
ni siquiera pasó un día entero.
Sentenciarse era entonces la única forma
de que las conversaciones no importaran.
Sentenciarse era la forma de no hacerse más daño.

Después de eso no pudiste fingir
que no había pasado nada.
Tampoco podías fingir que teníamos una gran historia
en una gran casa bien cerrada
y que eso era suficiente para ti.

Por eso empezaste a viajar y a convertirte en un adicto.

Si llegabas a la ciudad de un amigo él te preguntaba,
¿cuánto tiempo voy a poder esconderte?
¿cuánto tiempo debo arriesgarme por ti?
No me apartes diciéndome
que una habitación es mejor que las otras.
No permitas que en el inicio haya un sacrificio
que sea más importante que cualquier otro.
Acoge mi doble vida
y haz que la condena sea solo una forma de hablar.
Reservemos la euforia para un día cualquiera.

Si llegabas a una nueva ciudad
un aviso decía que no te dejaran pasar,
y que no te siguieran la corriente.
Viajaste más lejos.
Viajaste para conocer otras formas de rezar,
otros cantos,
otras formas de reunirse,
de arrodillarse,
de entregarse.
Solo viajaste para confesarte en otras lenguas
donde no eras culpable antes de empezar.
Donde quizá el error podría salvarte.
Viajaste para sumarte a un rezo ya empezado.

Tienes que irte de casa.
Tienes que impedir que alguien te ponga en tu sitio.
Tienes que dejar de intentar entrar
allí donde tú mismo te has prohibido la entrada.
Así dejarás de pensar que en otra parte
sucede algo más importante que aquí.
Y no permitas que nadie te diga
que para todo hay una primera vez,

una segunda vez,
una tercera vez.
No permitas que nadie te repita frases hechas
para volverte loco.

Tenemos que subir al árbol y recoger los higos.
Tenemos que poder hablar del pájaro sin culpa.
Tenemos que comer la manzana como si ninguna historia
pudiera envenenar o castigar nuestra fe.
El único acontecimiento es esta forma de hablar.
El único acontecimiento es que nos saquen del jardín
para enseñarnos los nombres
que solo el jardín podía darnos.

Tenemos que vivir lo que se siente
al acabar de construir una casa,
al bendecirla,
al cazar el primer animal,
al pescar el primer pez,
al sembrar la primera cosecha,
al cortar la primera rama,
al dominar un barco.
Tenemos que vivir lo que se siente
al renunciar a una herencia,
al aceptar una sentencia,
al compartirla.
Pero yo no sé cuánto tiempo puedo estar sentado
a la puerta de nuestra historia
esperando que la cierres.

Agotémonos para no desear ser lo que no somos,
para volver a casa con ganas,
para dormir con ganas.
Y hagamos favores.
Sabemos que antes o después,

en una estación inesperada,
subirá alguien que nos mire a los ojos.
Aprendamos a decirle que sí y que no,
a señalar el reconocimiento.
Y si nos preguntan
¿vuestra huida tiene una lógica?
Nosotros les diremos
¿por cuántos tenemos que ser perseguidos
para que nos toméis en serio?

Vayamos a los estadios por las tardes
para recordar nuestros entrenamientos,
y devolvamos el balón.
Esto es lo que te están preguntando:
¿Cuántas cosas sabes hacer al mismo tiempo?

Si alguien dice que nuestro comportamiento
es imposible de defender
démosle la razón hasta el final.
Y hagamos tiempo.
Sabemos que no hay muchos lugares
donde la gente como nosotros puede pasar la noche.
Hemos sabido desde el primer momento
que nuestras vidas estaban prohibidas por ley.

Desconfiemos cuando alguien nos pida
que nos sintamos como en casa
y no dejemos en el viaje
que ninguna palabra vaya a misa.
A veces hay que volver atrás.
A veces hay que volver a casa para estudiar los mapas,
para hacer memoria y preguntar
¿Cómo era yo en ese momento?
¿Cómo era yo cuando me iba detrás
del primero que pasaba?

Nuestro oficio será dejarnos las llaves dentro.
Nuestro oficio será arrastrarnos.
Nuestro oficio, lo mires por donde lo mires,
no necesita hábitos.
Solo al querer celebrar algo
nos daremos cuenta de que ya no tenemos objetos
para celebrar nada,
y que tenerlos un día fue una excepción
que no supimos aprovechar.

Agitemos el árbol aunque no haya fruta,
aunque no haya flores,
aunque no haya lluvia.
No tengamos miedo de los amores que se rompen,
de las familias que se rompen,
de los dientes que se rompen.
Debemos ir más allá de los jueces
y dejar de buscar la grieta.
Debemos recordar cuánto nos costó dormir
la primera noche que nadie nos acunó
y tuvimos que encontrar otra verdad.

Les diremos:
hemos venido lejos para que ninguno de vosotros
pueda ver en nuestra forma de evitar el dolor
a nuestros antepasados.
Vayamos de viaje para que nos pregunten nuestro nombre,
para recoger direcciones
y rehacernos.
Sentémonos en la estación para que nadie pueda acusarnos
de ser demasiado niños o demasiado adultos
o de irnos, hoy, con el primero que pasa.

Un adicto tiene objetivos.

Un paria tiene objetivos para hoy,
para mañana,
para todo el año.

Benditos los que rezan conmigo,
los que me dan la mano,
los que no me preguntan dónde nací ni cuál es mi nombre,
porque el tiempo les dará la razón.

Benditos los que se atreven a dar la vuelta
a mitad de camino.

Si la casa que invento para ti
no resiste la noche,
¿lo entenderás?

VIVIR SIN NADA

¿Quién dice que un cuerpo unido
tiene más posibilidades de vencer
que uno que no lo está?

Herirse:
una forma de comenzar a hablar
de las heridas

Haber visto lo que nadie vio es fácil
Haber tocado lo que nadie tocó es fácil

Pero que eso anticipe algo
—que eso sirva para algo—
es otra cosa

Tengo para pasar el día
y estoy tranquilo por fin
con todo en contra

Dicen que alguien me deseaba
adicto
inaceptable

Algunos solo se sienten capaces
de amar a un monstruo

El adicto piensa
Yo lo sé todo de la ciudad
Yo no sé nada de la ciudad
Yo lo sé todo del deseo
Yo no sé nada del deseo

Debéis mejorar
vuestras llamada al orden

Debéis ofrecer algo más
que techo y pan

Ser un adicto es recordar algo del cuerpo
que los otros olvidaron

Ser un furtivo o un buscador
no significa encontrar siempre algo nuevo
sino recordar lo que los otros olvidan

Ser un adicto es ser un hijo único
rodeado de madres que te jalean

Si no aprendo a compartir
¿dónde me llevará finalmente todo esto?

Un adicto intenta conocer su cuerpo
reconstruirlo
entrenarlo
dominarlo

Pero eso
¿a quién le importa?

Sé que estoy lejos de mi identidad
pero eso no me hace peor que tú

Un adicto arrastra a los otros
a su lógica

Un adicto se dispara en el pie
para señalar algo

¿Imaginas que de un día para otro
dejo de tener vergüenza
y tengo derechos?

Dicen
Para el escándalo
hay que valer

Digo
Para el escándalo
hay que nacer

Preguntan
¿qué tengo que hacer
para que no dejes de hablarme
para que seas el de antes?

¿A qué llamas tú
buscar una salida?

Un adicto es alguien
que dijo lo que buscaba
mucho antes que los demás

Alguien con quien dios
no tiene excusa

Las vendas no compensan
las heridas profundas

Me pregunto cómo será envejecer
en este cuerpo vendado

Todos estábamos enamorados
de las vidas de todos

Había que jugar el partido
para desempatar

Yo te explico la adicción:
una parte de mi cuerpo y de mi tiempo
no dependen de mí

No me prestes tu casa
No acerques tu cuerpo al mío
Ciérrame la puerta en la cara
hasta que muera

Hasta que deje de llamar

La próxima vez elegid a alguien
que no se parezca a mí

La próxima vez amad a alguien
que no tengáis que encerrar en una jaula

Si solo puedo ser alguien manchado
quiero mancharme bien
mucho
todo

Cuerpo
me preocupa aprender a vivir
sin nada
o con demasiado poco

Cuerpo
¿por qué tengo que fingir que tú
como yo
eres un desconocido
un paria
alguien que nunca tendrá un cuerpo
y además no le importa?

Todos los que hemos bebido en un charco
nos reunimos
nos observamos
nos limpiamos la boca unos a otros

He vivido un trance
pero nadie quiere mirar

Sus motivos
tendrán

No querer crecer
y de repente querer

Decírselo a todos
y ser castigado
por traidor

Me alegra que hayamos dormido
en la misma celda

Me alegra haber visto cómo despiertas
de madrugada lleno de heridas

Me alegra haber visto que no eres
quien dices ser

Antes de la adicción eras
un paria deseando morir

Ahora eres
un paria intentando salir

Incluso si he tomado todas las decisiones
y he decidido guardarme

¿quién puede decir que mi deseo
no merecía la pena ser vivido?

Yo puedo decir lo que significa
ser un adicto
un paria
vivir sin nada

Pero al decirlo pierdo
lo poco que me queda

Gracias por no permitirme
jugar al despiste

Por una adicción imposible de mostrar
o de esconder

Si cuando jugábamos de niños
ya éramos claramente adictos
¿por qué nadie nos salvó?

Un adicto lo deja todo
para perseguir el cuerpo
que dios le arroja

Para morderlo
Para cargarlo
Para arrastrarlo

Desobediencia y obediencia
hasta hacerse sangre

¿Comprender una noche sin dormir
cuántas noches sin dormir significa?

Incluso cuando has aprendido a desprenderte de
                                    [cualquier cosa
puedes reconocer un amor que termina demasiado pronto

Yo te amé antes de que nacieras
dentro de esa jaula

Yo te amé cuando no sabía
lo que iba a pasar

No puedes salir de aquí
así que empieza a hablar de ello cuanto antes

¿Qué sería para ti
ser inaceptable hasta el final
ser un adicto hasta el final?

Alguien me ofrece ir al otro lado
y yo solo quiero este

Nadie quiere ver lo que está roto
y permanece en pie

Nadie protege nunca
lo que no puede ser

Los adictos se preguntan
cualquier noche

¿de qué regimiento
formas parte?

¿de qué cacería
huyes tú?

Este eres tú:
un cuerpo que se cubre la cara
y renuncia a todo lo demás

Si yo no quiero irme
arráncame

Haz que el corte
sea limpio

Haz que el corte sea
lo que tenga que ser

Primero que vuelvan los héroes a casa

Si no les ocurre nada, ya volveré yo

Cuando conoce a alguien
el adicto se pregunta

¿Podré hacer de ese cuerpo
—durante un tiempo, por lo menos—
mi territorio?

Qué extraña pregunta, dicen unos
Qué buena pregunta, dicen otros

Debes aprender a que alguien
juegue contigo sin amor

Quizá un día el amor llegue
o quizá no

¿Podré alguna vez
pagarme una noche
en un sitio mejor que este?

¿Dónde el paria
empieza a pensar,
a comprender,
a compartir,
a despertar?

Una adicción de perfil bajo
nos conducirá a la muerte
sin darnos cuenta

Si yo un día llamo a casa
extraviado
adicto
perseguido
con exigencias

Tú dime,
¿qué exigencias pueden ser?

Cuando me acerco a ti
solo soy alguien que quiere conseguir algo

pero ni tú ni yo
sabemos qué

Y aun así,
si me hubiera dejado llevar por la euforia
¿dónde habría llegado?

Dos adictos pasean

Es una historia de amor
donde la ley no venció

¿Quién sentenció a quién
y hace cuánto?

Hay una mancha en mi vida
que no puedo borrar

Vamos a mirarla juntos
y esperar

Siempre me asustan y es verdad
las consencuencias de mis acciones
pero no tanto y es verdad
como para dejarlas atrás

Siempre oculto
escondido
borrado de la foto

¿Será exactamente esto
ser alguien de mi tiempo?

¿Alguien me explicará
por qué estoy invitado a esta casa
esta noche?

¿Por qué se me invita a esta casa
una sola noche
cada mucho tiempo?

¿Para que no me lo crea?

Nos acostumbraron mal
a no sé bien qué

Malacostumbrados
nos vamos salvando
de no se sabe qué

Para hablar contigo tengo que olvidarme
de que una vez te pedí algo
que solo podías hacer tú
y no lo hiciste

Para hablar contigo
no tengo que pedir nada a nadie
nunca más

Un adicto se desarraiga
y desarraiga a los otros

Deja de tocar el suelo
y no sabe lo que se puede tocar
y lo que no

Solo se identifica
con gritos
con grietas

Con alguien que no va a volver a casa
ni aunque le paguen

Ves un adicto
que con todo el cuerpo dice
que esto no es lo que parece

Tú
como puedes le dices
que esto tampoco

¿Con quién hablas todo el día?

¿Con quién pasas la noche?

¿Con quién sales de casa
y con quién vuelves?

¿O todo es la locura
que parece ser?

¿Cuánto puede un cuerpo replegarse,
esconderse,
sin que nadie diga nada?

¿Y de qué sirve que me absuelvan
si ya nadie puede verme?

Si tú eres un paria
¿eso en qué nos convierte?

De aristócrata a paria
en una sola generación

El único título
El único record

Sé lo que ocurre ahí fuera
Sé lo que ocurre aquí dentro

Qué extraña forma de vida
necesitar siempre algo
para vivir sin nada

LE CITTÀ DEL MONDO

Hay un hombre en la isla. El hombre inicia un viaje a pie hacia el interior. El interior es un desierto. Es una isla por la que han pasado muchas civilizaciones. El hombre cree que en el camino ha perdido cosas decisivas, pero quizá solo se ha desprendido de ellas, quizá solo eran un préstamo.

Pregunta a alguien: *¿es más fácil ser yo o ser los otros?* No le responden y olvida la pregunta. Avanza y piensa que ahora que ha visto el interior nunca se reconciliará con el mar ni con las orillas. De un día para otro se le entrega un rebaño de ovejas. A las pocas horas escapa de ellas. De un día para otro se despierta con una lámpara a su lado. Escapa de ella. De un día para otro se cansa de dormir al aire libre y en las cuevas. De un día para otro se cansa de pedir trabajo. De recoger frutas y semillas del suelo. De un día para otro se cansa de mendigar.

Avanza y piensa que debe encontrar a alguien que lo defienda, pero no ve ninguna ciudad alrededor y olvida la idea. Se pregunta si será así, agotándose bajo un sol africano, como se llega a tener un vocabulario propio. Y piensa, exhausto, en lo último que vio en el mundo.

En los confines de la ciudad se encontró a dos adictos que discutían si es más importante tener pelo o tener dientes. Le zarandearon preguntándole y gritándole, *è più importante avere i denti o i capelli?* Entonces miró bien a los dos y se dio cuenta de que uno tenía mucho pelo y ningún diente, y el otro tenía todos los dientes y ningún pelo.

El hombre sigue su camino.

Amore, amore
Lieto disonore
SANDRO PENNA

NOTA

Vivir sin nada incorpora, traduce o reescribe, además de algún verso de Giuseppe Ungaretti, fragmentos de otros libros míos como *Parangolé, Esto temía, esto deseaba* y *El perro en la puerta de la casa*.

ÍNDICE

Este libro se terminó de imprimir
en noviembre de 2023

RIL® editores • España

europa@rileditores.com

Se utilizó tecnología de última generación que reduce
el impacto medioambiental, pues ocupa estrictamente el
papel necesario para su producción, y se aplicaron altos
estándares para la gestión y reciclaje de desechos en
toda la cadena de producción.